VEGETARISCH

6 ZUTATEN 1 GERICHT

EINFACH KOCHEN MIT MAXIMAL 6 ZUTATEN

Impressum

Edition Michael Fischer GmbH
Donnersbergstr. 7
86859 Igling

www.emf-verlag.de

Rezepte: Rose Marie Donhauser

Rezeptfotos: Guido Schmelich, Holzkirchen (alle mit Ausnahme der folgenden); Sabrina Sue Daniels, Frankfurt am Main (Seite 84, 86, 88, 90, 92, 94);

Zutatenbilder: Guido Schmelich, Holzkirchen; Sabrina Sue Daniels, Frankfurt am Main

Covergestaltung und Layout: Verena Raith

Satz: Max Bachmann

Lektorat: Karin Leonhart und Clemens Hoffmann

Gedruckt bei Polygraf Print, Čapajevova 44, 08001 Prešov, Slowakei

VEGETARISCH

6 ZUTATEN 1 GERICHT

EINFACH KOCHEN MIT MAXIMAL 6 ZUTATEN

INHALT

GRUNDLAGEN

Alles so schön einfach

Grundsätzlich sind bei den Rezepten, wenn benötigt, Grundzutaten wie Salz und Pfeffer, über die jeder Haushalt verfügt, angegeben. Nun mögen Sie sich fragen, ob tatsächlich jedes Rezept mit nur 6 Zutaten, manchmal auch nur mit 4 oder 5 auskommen kann. Die Antwort ist Ja. Sie erhalten das Grundrezept, wie es sein und schmecken soll. Natürlich können Sie individuell die Rezepte mit Gewürzen ergänzen, kreativ bearbeiten oder nach jeweiligem Geschmack erweitern.

Ausstattung

Dazu gehört eine Grundausstattung für die Küche, die von verschiedenen Messern, Schüsseln, Töpfen, Pfannen zu Küchenutensilien wie Pfannenwender, Kochlöffel, Sparschäler und Schneebesen reicht. Auch ein elektrisches Handrührgerät, ein Stab- oder Standmixer und ein Haarsieb zum Passieren von Brühen oder Soßen erweisen sich als nützliche Helfer.

Andere Hilfsmittel wie Nudelholz, Ravioli-Ausstecher oder Backformen lassen sich meistens leicht ersetzen – eine Flasche, ein umgedrehtes Glas oder eine feuerfeste Schüssel tun's im Grunde genauso. Frei nach dem Motto „Der Zweck heiligt die Mittel" ist einfach (fast) alles erlaubt, was zum gewünschten Ergebnis führt.

Es werden also keine komplizierten Küchengeräte oder Küchenwerkzeug gebraucht. Auch keine Fritteuse oder Mikrowelle. Einfach und effektiv ist das Credo.

Vorratshaltung

Die Zutaten auf den Fotos sind selbsterklärend und werden, je nach Rezept, eingekauft. An Vorrat sind für dieses Kochbuch an Gewürzen Salz und Pfeffer, integriert in einem gängig sortierten Gewürzregal, wichtig. In manchen Rezepten werden auch Paprikapulver oder Muskatnuss benötigt. Falls Sie frische Kräuter gerade nicht zur Hand haben, lassen diese sich meist auch mal durch getrocknete ersetzen. Diese werden stets mit bei den bis zu 6 Zutatenfotos angegeben.

Pflanzenöl

Als Basiszutat wird bei den Rezepten, sofern benötigt, Pflanzenöl angegeben. Damit ist geschmacklich neutrales und hoch erhitzbares pflanzliches Öl gemeint. Das kann Sonnenblumen-, Raps-, Weizenkeim- oder Distelöl sein. Steht bei einem Rezept explizit Olivenöl, so wird dieses entweder kalt für einen Salat oder für den entsprechenden Geschmack des Gerichts benötigt.

Backofentemperaturen

Die Temperaturangaben in diesem Kochbuch sind für das Garen mit Ober- und Unterhitze angegeben. Falls Ihr

Herd mit Heiß- oder Umluft arbeitet, so brauchen die angegebenen Temperaturen bei den Rezepten nur um 20 °C niedriger eingestellt werden.

Portionsangaben

Bei jedem Rezept sind die Zutaten zumeist für 4 Personen angegeben. Ausnahmen gibt es bei den Süßspeisen und Kuchen, wenn Formen gebraucht werden. Dies gilt auch für Brote und Brötchen. Alle diese Ausnahmen sind bei den Rezepten vermerkt.

Einfach unkompliziert

Natürlich sind die kreativen innovativen Rezepte in diesem Kochbuch „nicht in Stein gemeißelt". Wer beispielsweise keine Topinambur mag, kann diese gegen Kartoffeln austauschen. Wem der Geschmack und Geruch von Bergkäse zu stark ist, kann auch auf einen neutralen Gouda-Käse zurückgreifen. Bei vielen Gerichten, bei denen frische Früchte verwendet werden, lassen sich diese, je nach Gericht, auch mit Tiefkühl - oder Dosenware tauschen. So können diese Rezepte unabhängig von der Saison dieser Zutaten zubereitet werden. In Einzelfällen kann man auch bei Gemüse auf konservierte Ware zurückgreifen. Manche Zutaten wie beispielsweise geräuchertes Paprikapulver, Ras el Hanout, Reispapierblätter oder Dashi-Pulver können manchmal außerhalb von Großstädten nicht gleich auf Anhieb besorgt werden. Allerdings ist hier das Internet eine gute Möglichkeit, an diese Sachen heranzukommen. Wer keine Zeit hat, Nudelteig selber herzustellen, greift einfach auf entsprechende Fertigprodukte zurück. Der Anspruch dieses Buchs besteht allerdings darin, zu zeigen, wie einfach und unkompliziert moderne, frische und kreative Küche geht. Und das natürlich mit neuen kulinarischen Ideen, die vor allem gut schmecken, aber auch Lust aufs Kochen machen.

VORSPEISEN

4 *Personen* | **35 MIN** *Zubereitung* | *Salz, Pfeffer, Pflanzenöl*

TOPINAMBURSUPPE
mit Chips

1 

2 

3 

4 

5 

500 g *Topinambur*

150 g *Petersilienwurzeln*

750 ml *Gemüsebrühe*

2 *Schalotten*

200 g *Sahne*

TOPINAMBUR und **PETERSILIENWURZELN** schälen. Die **TOPINAMBUR** in Stücke schneiden. Von einer **PETERSILIENWURZEL** etwa 20 dünne Scheiben abschneiden und beiseitelegen, den Rest ebenfalls in Stücke schneiden.

Die **SCHALOTTEN** schälen, fein würfeln und in 1 EL Pflanzenöl kurz andünsten. **TOPINAMBUR** und **PETERSILIENWURZEL** hinzufügen und mit **GEMÜSEBRÜHE** aufgießen. Bei mittlerer Hitze etwa 20 Minuten köcheln lassen und dabei mit Salz und Pfeffer würzen. Die **SAHNE** einrühren und nach 1–2 Minuten die Suppe mit einem Stabmixer fein pürieren.

Das Pflanzenöl in einem kleinen Topf erhitzen und die Petersilienwurzelscheiben etwa 30 Sekunden frittieren. Die Suppe mit den Chips servieren.

1

4 Personen | **10 MIN** *Zubereitung* **10 MIN** *Quellen* | *Salz, Pfeffer*

BULGURSALAT
mit Rotkohl

2

700 g *Rotkohl*
120 g *Bulgur (Instant)*
1 TL *Zimt*
6 EL *Olivenöl*
4 EL *Obstessig*
1 Bund *Rucola*

3

Den **ROTKOHL** in feine Streifen schneiden und dann quer klein schneiden.

Den **BULGUR** abspülen und in einer Schüssel mit 300 ml heißem Wasser begießen. Etwa 10 Minuten quellen lassen.

4

Den **BULGUR** mit einer Gabel auflockern und mit dem **ROTKOHL** vermischen. Mit Salz, Pfeffer, **ZIMT, OLIVENÖL** und **OBSTESSIG** vermengen.

Schließlich den **RUCOLA** in grobe Stücke schneiden und unterheben. Den Salat durchziehen lassen und anschließend servieren.

5

6

1 

2 

3 

4 

5 

6 

4 *Personen* | **45 MIN** *Zubereitung* | *Salz, Pfeffer*

Echt französischer ALIGOT

350 g *Gruyère oder Bergkäse*
750 g *mehligkochende Kartoffeln*
1 EL *Butter*
3 EL *Crème fraîche*
½ TL *geriebene Muskatnuss*
1 Bund *Schnittlauch*

Den **KÄSE** in kleine und dünne Stücke schneiden.

Die **KARTOFFELN** schälen, in gleichmäßige Stücke schneiden und in Salzwasser gar kochen. Abgießen, ausdampfen lassen und mit einem Kartoffelstampfer zu Brei verarbeiten.

BUTTER, CRÈME FRAÎCHE und **KÄSE** einrühren. Mit **MUSKATNUSS,** Salz und Pfeffer würzen. (Falls gewünscht, noch mit etwas Milch glatt rühren.)

Den **SCHNITTLAUCH** in feine Röllchen schneiden und den Aligot vor dem Servieren damit bestreuen.

4 *Personen* | **30 MIN** *Zubereitung* **1 STD** *Kühlen* | *Salz, Pfeffer*

FRISCHKÄSE-*Pops*

1 *Möhre*
300 g *Pumpernickel*
300 g *Frischkäse*
100 g *Butter, zimmerwarm*
1 EL *Zitronensaft*
1–2 Bund *Schnittlauch*

Die **MÖHRE** schälen und fein reiben.

Den **PUMPERNICKEL** mit den Händen zerbröseln.

Beides mit **FRISCHKÄSE, BUTTER** und **ZITRONENSAFT** gut verrühren, am besten mit einem Teigspatel. Nach Belieben mit Salz und Pfeffer würzen und für 1 Stunde kalt stellen.

4

Aus der Frischkäsemasse kleine Kugeln formen, die Kugeln durch den klein gehackten **SCHNITTLAUCH** rollen und auf Spieße stecken.

5

6

4 *Personen* | **20 MIN** *Zubereitung* | *Salz*

SUMMERROLLS

4 EL *Edamame-Bohnen (TK)*
2 *Möhren*
1 *Salatgurke*
½ *Eisbergsalat*
8 *Reispapierblätter*
1 Bund *Koriandergrün, zerzupft*

Die **EDAMAME** in kochendes Salzwasser geben und 5 Minuten garen. Anschließend abgießen und abtropfen lassen.

Die **BOHNEN** aus den Schoten lösen. **MÖHREN, SALATGURKE** sowie **EISBERGSALAT** gut waschen und in feine Streifen schneiden.

Die **REISPAPIERBLÄTTER** laut Packungsangabe einzeln anfeuchten. Alle Zutaten auf der unteren Hälfte der **REISPAPIERBLÄTTER** verteilen. Das **REISPAPIER** erst von unten, dann von den Seiten einklappen und aufrollen. Nach Belieben mit **KORIANDERGRÜN** garnieren.

Als Dip eignen sich Soja- und süßsaure Chilisoße.

1 

2 

3 

4 

TIPP

Wie die „echte" Leberwurst schmeckt auch diese hier am besten mit einem kräftigen, frischen Bauernbrot.

1 

2 

3 

4 

5 

2 *Gläser à 200 ml* | **15 MIN** *Zubereitung* | *Salz, Pfeffer, Olivenöl*

VEGANE *Leberwurst*

1 *rote Zwiebel*
200 g *geräucherter Tofu*
240 g *Kidneybohnen*
4 Stängel *Majoran, zerzupft*
4 Stängel *Petersilie, zerzupft*

Die **ZWIEBEL** schälen und fein würfeln. Den **TOFU** ebenfalls klein schneiden. In einem Topf 2 EL Olivenöl erhitzen und die Zwiebelwürfel darin kurz andünsten.

Den **TOFU** mit **BOHNEN, KRÄUTERN** und 1 TL Salz vermengen. Mit Salz und Pfeffer würzen und nach einigen Garminuten mit einem Stabmixer, je nach Belieben, grob oder fein pürieren.

In heiß ausgespülte Gläser mit Deckel abgefüllt, hält sich die vegane Leberwurst im Kühlschrank etwa 4 Wochen.

TIPP

Sehr lecker schmecken frische salzige Blätterteigstangen dazu.

2 *Gläser à 200 ml* | **5 MIN** *Zubereitung* **5 STD** *Einweichen & Ziehen* | *Salz, Pfeffer*

FRISCHKÄSE
aus Cashewkernen

400 g *Cashewkerne*
6 EL *Hefeflocken*
1 *Knoblauchzehe*
5 EL *Joghurt*
2 EL *Zitronensaft*
4 Stängel *Petersilie, zerzupft*

Die **CASHEWKERNE** etwa 4 Stunden einweichen, das Wasser abgießen.

Die **CASHEWKERNE** mit **HEFEFLOCKEN, KNOBLAUCH, JOGHURT, ZITRONENSAFT,** 1 TL Salz und **PETERSILIE** in einer Küchenmaschine oder mit dem Stabmixer fein pürieren.

Mit Salz und Pfeffer abschmecken. Die Masse mindestens 1 Stunde ziehen lassen.

1

2

3

4

5

6

1

2

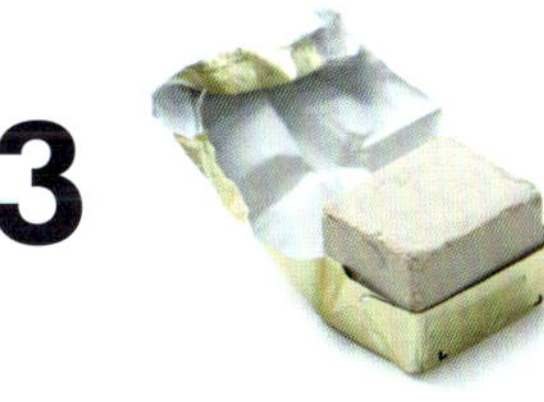

3

4

5

6

6 *Stück* | **25 MIN** *Zubereitung* **1 STD 10 MIN** *Ruhen* | *Salz*

Indisches NAAN

100 ml *Milch*
½ TL *Zucker*
10 g *frische Hefe*
100 g *Naturjoghurt*
250 g *Weizenmehl (ggf. etwas mehr)*
½ TL *Backpulver*

Die **MILCH** leicht erwärmen und darin **ZUCKER** und **HEFE** auflösen.

Den **JOGHURT** einrühren. In einer Schüssel **MEHL, BACKPULVER** und ½ TL Salz vermischen, eine Mulde formen und die Milchmischung eingießen. Mit den Knethaken eines elektrischen Handrührgeräts zu einem Teig verarbeiten.

Mit einem Tuch abdecken und 1 Stunde ruhen lassen.

Anschließend den Teig in 6 Kugeln formen und auf einer leicht bemehlten Fläche zu dünnen Fladen ausrollen. Noch einmal 10 Minuten zugedeckt ruhen lassen.

Die Fladen nacheinander in einer vorgeheizten, beschichteten Pfanne ohne Fett von jeder Seite 1–2 Minuten backen. Immer dann wenden, sobald das Brot Blasen wirft.

TIPP

Das Baba Ganoush mit dem Naan von S. 25 servieren.

1 

2 

3 

4 

5 

4 *Personen* | **50 MIN** *Zubereitung* | *Salz, Pfeffer*

BABA GANOUSH
(Auberginencreme)

2 *Auberginen*
3 *Knoblauchzehen*
10 *getrocknete Tomaten*
2 EL *Tahin (Sesampaste)*
3 EL *Olivenöl*
1 kleines Bund *Petersilie, zerzupft*

Den Backofen auf 220 °C Ober-/Unterhitze vorheizen.

AUBERGINEN rundherum einstechen, auf ein Backblech legen und im Ofen etwa 40 Minuten garen.

Inzwischen die **KNOBLAUCHZEHEN** schälen und fein würfeln. Die **TOMATEN** klein schneiden.

Die **AUBERGINEN** kurz auskühlen lassen, schälen und das Fruchtfleisch klein schneiden. Zusammen mit **KNOBLAUCH**, zwei Drittel der **TOMATEN**, **TAHIN** und 2 EL **OLIVENÖL** fein pürieren. Mit Salz und Pfeffer abschmecken.

Vor dem Servieren mit Tomatenstückchen, **PETERSILIE** und **OLIVENÖL** verfeinern.

1 

3 

4 

5 

4 *Personen* | **10 MIN** *Zubereitung* | *Salz, Pfeffer, Pflanzenöl*

LAUWARME AVOCADOSUPPE

mit Knoblauch-Flakes

4 *Knoblauchzehen*

2 *Avocados*

750 ml *Gemüsebrühe*

1 *Limette*

etwas *Kresse*

5 EL Pflanzenöl in einem Topf erhitzen, die **KNOBLAUCHZEHEN** in dünne Scheiben schneiden und leicht frittieren. Die Knoblauch-Flakes und das Knoblauchöl beiseitestellen.

Die **AVOCADOS** entkernen, das Fruchtfleisch aus der Schale lösen, grob schneiden und mit der **BRÜHE** im Standmixer pürieren. Die **LIMETTE** auspressen und mit der Avocadosuppe verrühren. Mit Salz und Pfeffer würzen.

Die Suppe in Schälchen füllen, mit Knoblauch-Flakes und **KRESSE** garnieren. Nach Belieben Knoblauchöl darüberträufeln.

3

4

5

4 *Personen* | **15 MIN** *Zubereitung* | *Salz, Pfeffer*

HIMBEER-
Rote-Bete-Suppe

500 g *Rote Bete, gegart*

1 l *Gemüsebrühe*

250 g *Himbeeren (TK oder frisch)*

2 EL *Himbeeressig*

1 Stängel *Petersilie, zerzupft*

Die **ROTE BETE** grob zerkleinern und mit dem Stabmixer in einem Topf pürieren. Die **GEMÜSEBRÜHE** hinzufügen und etwa 10 Minuten sanft köcheln lassen.

Inzwischen die **HIMBEEREN,** 4 Stück davon beiseitelegen, durch ein Haarsieb streichen und dieses Himbeermark mit **HIMBEERESSIG** in die Suppe rühren. Mit dem Stabmixer kurz aufmixen und mit Salz und Pfeffer abschmecken.

Zum Servieren auf Schalen verteilen und jeweils mit 1 **HIMBEERE** und etwas **PETERSILIE** garnieren.

1 

2 

3 

4 

5 

6 

4 *Personen* | **25 MIN** *Zubereitung* | *Salz*

LEICHT SCHARFER *Vanille-Spitzkohl*

800 g *Spitzkohl*
1 *Schalotte*
30 g *Butter*
1 *Vanilleschote*
1 TL *Piment d'Espelette*
200 g *Sahne*

Den **SPITZKOHL** vierteln, vom Strunk befreien und in kleine Stücke schneiden. Die **SCHALOTTE** schälen und fein würfeln.

Die **BUTTER** in einem Topf erhitzen und darin die Schalottenwürfel andünsten.

Den **SPITZKOHL** einrühren und mit Salz würzen. Die **VANILLESCHOTE** aufschlitzen, das Mark herauskratzen und **PIMENT D'ESPELETTE** sowie **SAHNE** hinzufügen.

Einmal aufkochen lassen und dann bei schwacher Hitze einige Minuten fertig garen. Sofort servieren.

4

4 *Personen* | **30 MIN** *Zubereitung* | *Salz, Pfeffer*

Karamellisierte Möhren MIT PETERSILIE

1 kg *Bundmöhren*

1–2 EL *Butterschmalz*

1 EL *Puderzucker*

1 kleines Bund *Petersilie*

Die **MÖHREN** putzen, schälen und dabei etwas Grün stehen lassen. In kochendes Salzwasser geben, 2 Minuten ziehen lassen, dann abgießen und abtropfen lassen.

Den **BUTTERSCHMALZ** in einer großen Pfanne erhitzen und die **MÖHREN** darin rundherum anbraten. Mit **PUDERZUCKER** bestäuben und karamellisieren. Dabei immer wieder wenden, damit die **MÖHREN** von allen Seiten überzogen werden.

Die **PETERSILIE** fein hacken. Die **MÖHREN** mit Salz und Pfeffer würzen und mit **PETERSILIE** bestreut servieren.

HAUPTSPEISEN

4 *Personen* | **30 MIN** *Zubereitung*

MANGOSÜPPCHEN
mit Quinoa

50 g *Quinoa*
1 *Bio-Orange*
1 *Möhre*
1 *Mango*
500 g *Buttermilch*
2 Zweige *Zitronenthymian, zerzupft*

Die **QUINOA** gründlich waschen und mit 100 ml Wasser zum Kochen aufstellen. Bei schwacher Hitze etwa 15 Minuten garen lassen.

Inzwischen die Schale der **ORANGE** abreiben und das Fruchtfleisch auspressen. Die **MÖHRE** schälen, in kleine Stücke schneiden und mit dem Orangensaft im Standmixer pürieren, anschließend zur **QUINOA** in den Topf rühren.

Die **MANGO** schälen, das Fruchtfleisch vom Kern lösen und mit der **BUTTERMILCH,** der Orangenschale und dem **ZITRONENTHYMIAN** im Standmixer pürieren.

Die **QUINOA** auf kleine Teller verteilen und mit der Mangobuttermilch aufgießen.

1

3

4

5

6

1

2 Personen | **20 MIN** *Zubereitung* | *Salz, Pfeffer*

UDON-NUDELN

in Dashi-Brühe

2

20 g *Dashi-Pulver*
2–3 *Frühlingszwiebeln*
200 g *Udon-Nudeln*
150 g *Shimeji-Pilze (Buchenpilze)*
1 Bund *Koriandergrün*

3

In einem Topf 1 l Wasser mit dem **DASHI-PULVER** verrühren, aufkochen und ziehen lassen. Inzwischen die **FRÜHLINGSZWIEBELN** putzen, in kleine Stücke schneiden und kurz in der Dashi-Brühe ziehen lassen.

Die **UDON-NUDELN** in Salzwasser laut Packungsangabe bissfest garen, dann abgießen.

4

Die **SHIMEJI-PILZE** sorgfältig putzen und die Stielansätze entfernen. Das **KORIANDERGRÜN** waschen und verlesen.

5

NUDELN, PILZE, FRÜHLINGSZWIEBELN und **KORIANDER** auf zwei große Schalen verteilen und mit heißer Dashi-Brühe aufgießen. Bei Bedarf mit Salz und Pfeffer abschmecken.

1 

2 

3 

4 

5 

6 

4 *Personen* | **30 MIN** *Zubereitung* | *Salz, Pfeffer, Pflanzenöl*

ZITRONIGE BELUGA-LINSEN

mit Lauch & Pilzen

400 g *Beluga-Linsen*
8 *Egerlinge*
1 Stange *Lauch*
200 g *Crème fraîche*
1 *Bio-Zitrone*
1 kleines Bund *Koriander oder Petersilie, zerzupft*

Die **LINSEN** in 800 ml Wasser etwa 15 Minuten garen.

EGERLINGE und **LAUCH** putzen, klein schneiden und in 2 EL Pflanzenöl einige Minuten andünsten. Mit Salz und Pfeffer würzen.

Die **CRÈME FRAÎCHE** zu den **LINSEN** geben und einige Minuten sanft köcheln lassen. Nach Belieben mit Salz und Pfeffer abschmecken.

Von der **ZITRONE** die Schale fein abreiben und den Saft auspressen. Zitronenschale, -saft, **LAUCH** und **EGERLINGE** unter die **LINSEN** mischen. Mit **KORIANDERBLÄTTCHEN** garnieren und servieren.

TIPP

Piment d'Espelette ist ein französisches Chili mit süßscharfem Aroma.

1 

3 

4 

5 

6 

4 *Personen* | **50 MIN** *Zubereitung* | *Salz, Pfeffer*

Kichererbsen- SÜSSKARTOFFEL-STEW

1 *Süßkartoffel (300 g)*
25 g *Bohnenkraut*
1 Dose *Kichererbsen (400 g)*
200 g *rotes Pesto*
2 TL *Piment d'Espelette*
200 g *Cocktailtomaten*

Die **SÜSSKARTOFFEL** schälen, in Würfel schneiden und in Salzwasser mit dem **BOHNENKRAUT** etwa 15 Minuten garen.

Inzwischen den Backofen auf 200 °C Ober-/Unterhitze vorheizen.

Die **SÜSSKARTOFFEL** abgießen. Die **KICHERERBSEN** und **SÜSSKARTOFFEL** in einer Auflaufform mit **ROTEM PESTO, PIMENT D'ESPELETTE** sowie **COCKTAILTOMATEN** locker vermengen. Im vorgeheizten Ofen 15–20 Minuten backen.

Mit Salz und Pfeffer abschmecken und servieren.

1

4 *Personen* | **25 MIN** *Zubereitung* | *Salz, Pfeffer, Pflanzenöl*

HÖRNCHENNUDELN
mit Gorgonzola-Walnuss-Soße

250 g *Champignons*

60 g *Walnusskerne, gehackt*

1 *rote Zwiebel*

3–4 Stängel *Salbei*

250 g *Gorgonzola*

300 g *Hörnchennudeln*

Die **PILZE** putzen, vierteln und beiseitestellen.

Die **WALNUSSKERNE** in einer beschichteten heißen Pfanne ohne Fett rösten.

Die **ZWIEBEL** schälen, fein würfeln und in 2 EL Pflanzenöl in einem Topf andünsten. Zwei Drittel der **SALBEIBLÄTTER** grob hacken und dazugeben.

Den **GORGONZOLA** in Stücke brechen und zusammen mit den **HÖRNCHENNUDELN,** Salz und 800 ml Wasser hinzufügen. Nach dem ersten Aufkochen und gelegentlichem Umrühren die **NUDELN** in etwa 12–15 Minuten bissfest garen.

Kurz vor Ende der Garzeit in 3 EL heißem Pflanzenöl die restlichen **SALBEIBLÄTTER** frittieren. Zum Entfetten auf Küchenpapier legen.

Die **PILZE** in das noch heiße Fett geben und 2 Minuten anbraten. Die **NUDELN** mit Salz und Pfeffer abschmecken.

Mit **PILZEN,** gerösteten **WALNÜSSEN** und frittiertem **SALBEI** anrichten.

1

3

4

5

6

4 *Personen* | **30 MIN** *Zubereitung* **30 MIN** *Ruhen* | *Salz, Pfeffer*

FRÜHLINGSPASTA
mit Spargel-Ricotta-Füllung

300 g *Hartweizengrieß*
1 *Ei* + **2** *Eigelb*
200 g *grüner Spargel*
70 g *Parmesan, fein gerieben*
100 g *Ricotta*
25 g *Butter*

Aus **HARTWEIZENGRIESS,** 100 ml Wasser, 1 **EI** sowie 1 TL Salz mit den Händen oder in einer Küchenmaschine einen geschmeidigen Teig kneten. In Klarsichtfolie hüllen und 30 Minuten ruhen lassen.

Den **GRÜNEN SPARGEL** in kleine Stücke schneiden und in Salzwasser etwa 8 Minuten garen. Die Spargelspitzen beiseitelegen und die restlichen Spargelstücke mit 2 EL Kochwasser mit dem Stabmixer fein pürieren. Zusammen mit 50 g **PARMESAN, RICOTTA** und 1 **EIGELB** verrühren und mit Salz und Pfeffer würzen.

Den Teig ausrollen und 10 × 10 cm große Quadrate ausschneiden. Die Teigränder mit **EIGELB** bestreichen und je 1 TL Ricotta-Spargel-Mischung auf den Teig geben. Zum Dreieck umklappen und andrücken. In siedendem Salzwasser 4–5 Minuten ziehen lassen.

In einer Pfanne die **BUTTER** zerlassen, bis sie schäumt. Ravioli und Spargelspitzen hinzufügen und kurz erhitzen. Auf Teller anrichten und mit dem **PARMESAN** bestreuen.

1

4

5

6

4 Personen | **45 MIN** *Zubereitung* | *Salz, Pfeffer, Olivenöl*

KÜRBISRISOTTO
mit karamellisierten Kürbiskernen

2 EL *Zucker*
4 EL *Kürbiskerne*
250 g *Hokkaido-Kürbis*
600 ml *Gemüsebrühe*
200 g *Risottoreis*
60 g *Parmesan, gerieben*

In einer Pfanne den **ZUCKER** bei starker Hitze in 4 EL Wasser auflösen.

Die **KÜRBISKERNE** hinzufügen und unter Rühren karamellisieren, dann beiseitestellen.

Den **KÜRBIS** klein schneiden und in einem Topf mit 100 ml **GEMÜSEBRÜHE** bei schwacher Hitze 15 Minuten garen. In einem Topf 1 EL Olivenöl erhitzen und darin den **RISOTTOREIS** einrühren.

Unter gelegentlichem Rühren nach und nach 600 ml **GEMÜSEBRÜHE** hinzufügen und insgesamt etwa 20 Minuten garen.

Kurz vor Ende der Garzeit die Kürbisstücke mit dem Stabmixer pürieren und unter das **RISOTTO** mischen.

Mit Salz und Pfeffer würzen und den **PARMESAN** einrühren. Mit den karamellisierten **KÜRBISKERNEN** bestreut servieren.

1 

4 

5 

4 *Personen* | **15 MIN** *Zubereitung* **30 MIN** *Ruhen* | *Salz, Pfeffer*

SOJABOHNEN
mit Feta & Minze

1 *Bio-Orange*
2 cm *Ingwer*
300 g *Sojabohnen ohne Schoten*
3 EL *Olivenöl*
1 kleines Bund *Minze, fein gehackt*
100 g *Feta*

Mit einem scharfen Messer ein Viertel der Orangenschale dünn abschälen und in feine Streifen schneiden. Den **INGWER** schälen und reiben.

In einem Topf 500 ml Wasser mit Orangenschalenstreifen und **INGWER** aufkochen. Die **SOJABOHNEN** mit einem Sieb einhängen und in dem Würzsud 5–6 Minuten garen.

Inzwischen die **ORANGE** auspressen. 6 EL Orangensaft mit dem **OLIVENÖL** mischen. Die fein gehackte **MINZE** hinzugeben und die Marinade mit Salz und Pfeffer würzen.

Die **SOJABOHNEN** abtropfen lassen, mit der Marinade verrühren und 30 Minuten ziehen lassen. Zum Servieren den **FETA** zerbröseln und mit Orangenstreifen über die **SOJABOHNEN** geben.

4 *Personen* | **25 MIN** *Zubereitung* | *Salz, Pfeffer, Pflanzenöl*

REISSCHNITZEL
mit Sour Cream

150 g *Reis*
3 TL *edelsüßes Paprikapulver*
3 *Eier*
3 EL *Mehl*
100 ml *Milch*
250 g *saure Sahne*

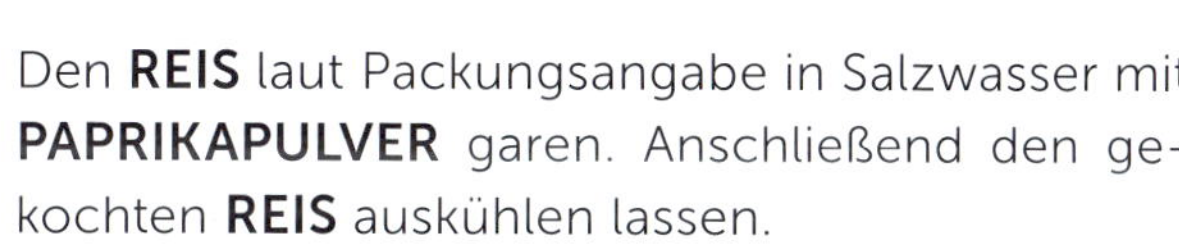

Den **REIS** laut Packungsangabe in Salzwasser mit **PAPRIKAPULVER** garen. Anschließend den gekochten **REIS** auskühlen lassen.

EIER, MEHL und **MILCH** hinzufügen und alles gut verkneten.

Etwas Pflanzenöl in einer Pfanne erhitzen, den **REISTEIG** portionsweise zu kleinen Schnitzeln ausbacken. Mit Salz und Pfeffer würzen und mit einem Klecks **SAURER SAHNE** servieren.

4 *Personen* | **20 MIN** *Zubereitung* | *Salz, Pfeffer, Pflanzenöl*

BULGUR
mit Kumquats

80 g *Mandeln*
150 ml *Gemüsebrühe*
250 g *Bulgur (Instant)*
200 ml + 3 EL *Orangensaft*
100 g *Kumquats*
3 Stängel *Minze, grob gehackt*

Die **MANDELN** grob hacken und in einer beschichteten, heißen Pfanne ohne Fett anrösten.

Die **GEMÜSEBRÜHE** erhitzen und über den **BULGUR** gießen. Einige Minuten quellen lassen und dann 200 ml **ORANGENSAFT** zugießen.

Die **KUMQUATS** in Scheiben schneiden. In einer Pfanne 2 EL Öl erhitzen, die **KUMQUATS** darin anschwitzen und mit 3 EL **ORANGENSAFT** ablöschen. Kurz einkochen lassen, dann beiseitestellen.

Den **BULGUR** mit einer Gabel lockern und mit **MANDELN** und **KUMQUATS** vermengen. Mit Salz und Pfeffer würzen und mit der gehackten **MINZE** bestreuen.

1

2

3

4

5

6

TIPP

Nach Belieben mit ein paar Kresseblättchen bestreuen.

1 

2 

3 

4 

5 

6 

4 *Personen* | **40 MIN** *Zubereitung* | *Salz, Pfeffer*

NUSSIGER KÜRBIS-*Kartoffelstampf*

5 EL *Haselnüsse*

400 g *mehligkochende Kartoffeln*

400 g *Hokkaido-Kürbis*

200 g *Knollensellerie*

60 g *Butter*

200 g *Sahne*

Die **HASELNÜSSE** grob hacken. **KARTOFFELN, KÜRBIS** und **KNOLLENSELLERIE** schälen und in Stücke schneiden.

Mit Salzwasser bedeckt zum Kochen aufstellen und etwa 20 Minuten garen.

Inzwischen die **HASELNÜSSE** in einer Pfanne ohne Fett rösten. In einer zweiten Pfanne die **BUTTER** zerlassen und bräunen, die gerösteten Nüsse unterrühren.

Das Gemüse mit dem Kartoffelstampfer oder mit dem Stabmixer pürieren. **SAHNE** und Nussbutter unterrühren und mit Salz und Pfeffer abschmecken.

1

4 *Personen* | **20 MIN** *Zubereitung*

KÄSE-PATTIES
für Burger

280 g *Grillkäse*
1 *Ei*
4 EL *Weißbrotbrösel*
2 TL *Ras el Hanout*
2 TL *Sesamsamen*
1 EL *Butterschmalz*

Den **GRILLKÄSE** klein schneiden. Zusammen mit dem **EI, WEISSBROTBRÖSEL, RAS EL HANOUT** und **SESAMSAMEN** verkneten.

Die Patties in die gewünschte Form bringen, z. B. mithilfe eines Metallrings.

Das **BUTTERSCHMALZ** in einer Pfanne zerlassen und die Patties darin goldbraun braten.

8 *Stück* | **30 MIN** *Zubereitung* **2 STD** *Ruhen & Backen* | *Salz, Pflanzenöl*

BURGER
Buns

150 ml *Milch*
2 EL *Zucker*
20 g *frische Hefe*
3 *Eier*
60 g *weiche Butter*
480 g *Weizenmehl*

1

2

MILCH leicht erwärmen und mit 50 ml lauwarmem Wasser, **ZUCKER** und **HEFE** verrühren.

Zusammen mit 2 **EIERN, BUTTER, WEIZENMEHL** und ½ TL Salz zu einem geschmeidigen Teig kneten. Den Teig mit einem Tuch abdecken und 1 Stunde gehen lassen.

Nach 1 Stunde den Teig aus der Schüssel heben. Mit etwas Pflanzenöl bestreichen, einmal dehnen und zur Mitte hin falten, wieder in die Schüssel geben und nochmals 1 Stunde gehen lassen.

Inzwischen den Backofen auf 200 °C Ober-/Unterhitze vorheizen.

Das verbliebene **EI** trennen, das Eigelb verquirlen.

Den Teig in 8 Portionen teilen, jede Portion dehnen und zur Mitte falten, umdrehen und mit der flachen Hand rund rollen.

Die Teigstücke auf ein Backblech legen und mit dem Eigelb bestreichen. Die Buns etwa 15 Minuten im vorgeheizten Ofen backen.

1

2

3

4

5

4 Personen | **30 MIN** *Zubereitung* **30 MIN** *Kühlen* | *Salz, Pfeffer, Pflanzenöl*

GRÜNE SOSSE
mit Kartoffeln & Ei

1 Bund *gemischte Kräuter für „Grüne Soße" (Zusammensetzung variiert)*

500 g *saure Sahne*

200 g *Joghurt*

1 kg *festkochende Kartoffeln*

8 *Eier*

Die **KRÄUTER** waschen, verlesen und die Blätter von den Stängeln zupfen.

Alles sehr fein hacken und zusammen mit saurer **SAHNE, JOGHURT,** 4 EL Pflanzenöl, 1 TL Salz und etwas Pfeffer vermischen. Für 30 Minuten kalt stellen.

Die **KARTOFFELN** schälen und je nach Größe etwa 30 Minuten in Salzwasser garen. Inzwischen die **EIER** in ca. 10 Minuten hart kochen, abschrecken und anschließend pellen.

Die Grüne Soße auf tiefe Teller verteilen, mit den Eierhälften sowie den Salzkartoffeln servieren.

1 

2

3 

4 *Personen* | **35 MIN** *Zubereitung* | *Salz, Pfeffer, Pflanzenöl*

SÜSSKARTOFFEL-
Kokos-Suppe

500 g *Süßkartoffeln*
1 Stängel *Zitronengras*
4 Stängel *Koriandergrün*
200 g *Tomaten (Dose, stückig)*
500 ml *Gemüsebrühe*
200 ml *Kokosmilch*

Die **SÜSSKARTOFFELN** schälen und in etwa 2 cm große Stücke schneiden. Das **ZITRONENGRAS** waschen und etwas flach klopfen. Das **KORIANDERGRÜN** waschen und zerzupfen.

In einem breiten Topf 1 EL Pflanzenöl erhitzen und darin die Süßkartoffelstücke 1 Minute anbraten. Die **TOMATEN** hinzufügen, kurz durchrühren und mit **GEMÜSEBRÜHE** sowie mit **KOKOSMILCH** aufgießen. Das **ZITRONENGRAS** einlegen und bei mittlerer Hitze 15–20 Minuten köcheln lassen.

Das **ZITRONENGRAS** entfernen, die Suppe mit dem Stabmixer fein pürieren und mit Salz und Pfeffer abschmecken. Mit **KORIANDER** garnieren.

HAUPTSPEISEN

TIPP

Das Gemüse zusätzlich mit Kräutern der Provence würzen.

2 *Personen* | **40 MIN** *Zubereitung* | *Olivenöl, Salz, Pfeffer*

1 

RATATOUILLE

2 

1 *Aubergine*

150 g *kleine Strauchtomaten*

400 g *Zucchini*

1 *rote und 1 gelbe Paprikaschote*

4 *Knoblauchzehen*

3 

Die **AUBERGINE** putzen, waschen, vierteln und quer in Scheibchen schneiden. Die **TOMATEN** waschen, oben kreuzweise einschneiden. Die **ZUCCHINI** waschen, putzen und in Scheiben schneiden.

HAUPTSPEISEN

4 

Den Backofen auf 200 °C (Ober-/Unterhitze) vorheizen. Eine Auflaufform mit 1 EL Olivenöl auspinseln. Die **PAPRIKASCHOTEN** halbieren, putzen, waschen und in etwa 1 cm große Stücke schneiden. Den **KNOBLAUCH** schälen und durch eine Presse auf einen Teller drücken.

5 

2 EL Olivenöl in einer Pfanne erhitzen, die Auberginenscheiben darin auf beiden Seiten 3 Minuten braten. Gemüse in die Form geben, salzen und pfeffern. 2 EL Olivenöl mit dem **KNOBLAUCH** verrühren und über das Gemüse träufeln. Im Backofen (mittlere Schiene) etwa 20 Minuten garen.

TIPP

Der Gemüse-Wok lässt sich mit Ingwer, Frühlingszwiebeln, Schalotten, Knoblauch, Zucchini, Champignons und/oder Bohnen variieren.

1 

2 

3 

4 

5 

2 *Personen* | **20 MIN** *Zubereitung* | *Salz, Pflanzenöl, Pfeffer*

GEMÜSE-WOK
mit Tofu

250 g *Brokkoli*
1 *rote Paprikaschote*
250 g *Räuchertofu*
150 g *frische Sojabohnensprossen*
1–2 EL *Sojasoße*

Den **BROKKOLI** putzen, waschen und in Röschen teilen. In kochendem Salzwasser kurz blanchieren, kalt abspülen und abtropfen lassen. Die **PAPRIKASCHOTE** halbieren, putzen, waschen und in feine Streifen schneiden. Den **TOFU** in kleine Würfel schneiden. Die **SPROSSEN** waschen und abtropfen lassen.

1 EL Pflanzenöl in einem Wok oder in einer großen beschichteten Pfanne erhitzen, den **TOFU** darin in 3–4 Minuten goldbraun braten, dann herausnehmen. 2 EL Pflanzenöl in den Wok oder die Pfanne geben, **PAPRIKA** und **SPROSSEN** darin einige Minuten braten. Mit **SOJASOSSE** beträufeln. **BROKKOLI** und **TOFU** untermischen. Alles mit Salz und Pfeffer würzen.

DESSERTS

4

5

4 *Personen als Dessert* | **35 MIN** *Zubereitung* | *Salz*

YUFKA-GRIESS-*Auflauf*

2 EL *Mandelblättchen*

1 l *Milch*

175 g *Weichweizengrieß*

80 g *Zucker*

2 *Eigelb*

2–3 *Yufka-Blätter*

Zuerst den Backofen auf 170 °C Ober-/Unterhitze vorheizen. Eine Auflaufform ausfetten.

Die **MANDELBLÄTTCHEN** in einer Pfanne ohne Fett anrösten, dann beiseitestellen.

Die **MILCH** aufkochen, den Topf vom Herd ziehen und **GRIESS, ZUCKER, EIGELBE** und 1 Prise Salz einrühren. Einige Minuten ziehen lassen.

Die Auflaufform mit den **YUFKA-BLÄTTERN** auslegen und die Griessmasse hineingeben. Im vorgeheizten Ofen 20 Minuten backen.

Zum Servieren mit den gerösteten **MANDELN** bestreuen. Nach Belieben mit Puderzucker bestäuben.

1 

2 

3 

4 

5 

6 

20–25 *Stück* | **10 MIN** *Zubereitung* **1 STD** *Kühlen*

Mandel-Dattel- PRALINEN

100 g *Mandeln*
200 g *Datteln, entsteint*
8 EL *Kokosraspel*
1 EL *Mandelmus*
2 EL *Kakaopulver*
1 EL *Kokosöl*

MANDELN und **DATTELN** fein hacken. Zusammen mit 2 EL **KOKOSRASPEL, MANDELMUS, KAKAO** und **KOKOSÖL** gründlich vermischen.

Aus der Masse mit befeuchteten Händen etwa 25 Kugeln formen und durch die verbliebenen **KOKOSRASPEL** rollen.

Die Pralinen etwa 1 Stunde kühl stellen und im Kühlschrank aufbewahren, da sie sonst zu weich werden.

1

5

4 *Personen* | **10 MIN** *Zubereitung* **10 STD** *Einweichen & Gefrieren* | *Salz*

EISIGER LIMETTEN-PIE *mit Avocado*

400 g *Cashewkerne*
180 g *Zucker*
100 g + 2 EL *Kokosöl*
3 *große Avocados*
5 *Bio-Limetten*

200 g **CASHEWKERNE** mindestens 8 Stunden in Wasser einweichen.

Die restlichen 200 g **CASHEWKERNE** sehr fein hacken. Zusammen mit 1 Prise Salz, 30 g **ZUCKER** und 2 EL **KOKOSÖL** vermischen. Die Masse in eine kleine Springform (16 cm Ø) füllen, gut andrücken und kalt stellen.

Die eingeweichten **CASHEWKERNE** abspülen. Die **AVOCADOS** halbieren und das Fruchtfleisch herauslösen. Von 2 **LIMETTEN** die Schale abreiben, alle **LIMETTEN** auspressen.

CASHEWKERNE, AVOCADOS, Saft und Schale der **LIMETTEN,** 150 g **ZUCKER** und 100 ml **KOKOSÖL** im Standmixer pürieren.

Die Masse in die Springform füllen und etwa 2 Stunden ins Gefrierfach stellen. Alternativ vollständig einfrieren und den Limetten-Pie vor dem Servieren ½ Stunde antauen lassen.

4

5

4 *Personen* | **15 MIN** *Zubereitung* **20 MIN** *Kühlen*

Erdnuss-FUDGE

100 g *gesalzene Erdnüsse*
120 g *Butter*
450 g *brauner Zucker*
120 ml *Milch*
220 g *Erdnussbutter*
300 g *Puderzucker*

Eine Form (25 × 25 cm) mit Klarsichtfolie auslegen und beiseitestellen. Die **ERDNÜSSE** klein hacken.

Die **BUTTER** in einem Topf schmelzen, **BRAUNEN ZUCKER** und **MILCH** unter ständigem Rühren hinzufügen. Dann einige Minuten offen köcheln lassen, den Topf vom Herd nehmen und die **ERDNUSSBUTTER** unterrühren.

Die Masse in eine Schüssel geben, **PUDERZUCKER** hinzufügen und rühren, bis sich der **PUDERZUCKER** aufgelöst hat.

Die Masse in die Form geben, glatt streichen und mit den gehackten **ERDNÜSSEN** bestreuen. Im Gefrierschrank fest werden lassen, dann in kleine Quadrate schneiden. Kühl aufbewahren.

TIPP

Den Brei mit frischen Minzblättchen dekorieren.

1

2

3

4

5

6

4 *Personen* | **10 MIN** *Zubereitung* **8 STD** *Quellen*

SUPERGESUNDER *Frischkornbrei*

200 g *Dinkelkörner*
400 ml *Mandelmilch*
50 ml *Hafersahne*
60 ml *Ahornsirup*
4 EL *Gojibeeren*
2 EL *Chiasamen*

Die **DINKELKÖRNER** zerkleinern, in eine Schüssel geben und mit der **MANDELMILCH** aufgießen. Über Nacht quellen lassen.

Wenn das Getreide gequollen ist, **HAFERSAHNE,** 2 EL **AHORNSIRUP** und die Hälfte der **GOJIBEEREN** pürieren und über den **DINKEL** geben.

Restlichen **AHORNSIRUP, GOJIBEEREN** und **CHIASAMEN** auf dem Brei verteilen und in tiefen Tellern servieren.

TIPP

Vor dem Servieren mit Zimt bestreuen.

1 

2 

3 

4 

5 

6 

4 *Personen* | **15 MIN** *Zubereitung* **2 STD** *Gefrieren* | *Salz*

ZIMTPARFAIT
mit gebrannten Mandeln

60 g *gebrannte Mandeln*

2 *Eier*

80 g *Zucker*

200 g *Sahne*

1 TL *Zimt*

1 Msp. *gemahlene Vanille*

Die **MANDELN** grob hacken.

Die **EIER** trennen. Die Eiweiße mit 1 Prise Salz und 1 TL **ZUCKER** steif schlagen. Die Eigelbe mit dem restlichen **ZUCKER** cremig rühren.

Die **SAHNE** mit **ZIMT** und **VANILLE** steif schlagen. Diese unter die Eigelbmasse rühren, dann den Eischnee und zuletzt die **MANDELN** (einige zurückbehalten) unterrühren.

Die Masse in eine Form füllen. Mit den restlichen **MANDELN** garnieren und 2 Stunden im Gefrierschrank fest werden lassen.

TIPP

Mit Zimtzucker bestreuen.

4 *Personen* | **20 MIN** *Zubereitung*

Arme RITTER

1

3

4

5

2 *Eier*
150 ml *Milch*
2 EL *Zucker*
6 Scheiben *Weißbrot*
2 EL *Butter*

Die **EIER** mit **MILCH** und **ZUCKER** in einer Schüssel verrühren.

Die **WEISSBROTSCHEIBEN** diagonal halbieren. Die **BUTTER** in einer Pfanne portionsweise erhitzen. Die Brotdreiecke durch die Eiermischung ziehen und anschließend auf beiden Seiten knusprig braten.

TIPP

Anstelle der Aprikosen 1 Stück Würfelzucker einsetzen.

3

4

5

6

4 *Personen* | **35 MIN** *Zubereitung* | *Salz*

Marillen- KNÖDEL

12 *kleine frische Aprikosen (Marillen)*
250 g *Speisequark (40 % Fett)*
250 g *Mehl*
5 EL *zimmerwarme Butter*
2 EL *Zucker*
5 EL *Semmelbrösel*

Die **APRIKOSEN** waschen und entkernen.

QUARK, **MEHL**, 3 EL **BUTTER** und 1 Prise Salz miteinander verkneten. Je 1 Portion Teig platt drücken, 1 **APRIKOSE** damit umhüllen und zu einem Knödel formen.

Die Knödel in siedendem Salzwasser 20 Minuten ziehen lassen.

2 EL **BUTTER** und **ZUCKER** in einer Pfanne schmelzen lassen, die **SEMMELBRÖSEL** untermischen. Die Knödel direkt aus dem Kochwasser in der Pfanne schwenken.

TIPP

Den Strudel mit Puder-zucker bestäuben.

1 

3 

4 

5 

6 

BACKBLECH *mit Backpapier* | **20 MIN** *Zubereitung* **30 MIN** *Backen*

TOPFENSTRUDEL
mit Blätterteig

1 Packung *Blätterteig (250 g; Kühltheke)*

500 g *Speisequark (40 % Fett; wahlweise Topfen)*

80 g *Zucker*

1 Päckchen *Vanillepuddingpulver*

2 *Eier*

2 EL *flüssige Butter*

Den **BLÄTTERTEIG** auf einem Küchentuch ausrollen.

Den **QUARK** mit **ZUCKER, PUDDINGPULVER,** 1 **EI** und **BUTTER** verrühren. Auf dem Teig verteilen, dabei die Ränder freilassen, aufrollen und auf das Backblech geben.

Das zweite **EI** trennen und das Eigelb mit 2 EL kaltem Wasser verquirlen und den Strudel damit bestreichen. Den Strudel im vorgeheizten Ofen bei 200 °C in 30 Minuten goldbraun backen.

TIPP

Mit Schlagsahne garnieren.

1

4 *Personen* | **15 MIN** *Zubereitung*

PFIRSICH
Melba

250 g *frische Himbeeren*

2 EL *Puderzucker*

4 *Pfirsichhälften (Dose oder Glas)*

8 Kugeln *Vanilleeis*

3

Die **HIMBEEREN** vorsichtig waschen und mit **PUDERZUCKER** in einem hohen Gefäß mit dem Stabmixer pürieren. Das **HIMBEERPÜREE** nach Belieben (um die Kerne zu entfernen) durch ein Haarsieb streichen.

4

Die **PFIRSICHE** in einem Sieb abtropfen lassen. Je 1 Pfirsichhälfte und 2 Kugeln **VANILLEEIS** auf vier Dessertschalen verteilen und löffelweise mit dem Himbeerpüree überziehen. Das Dessert sofort servieren.

1 

2 

3 

4 

5 

4 *Personen* | **15 MIN** *Zubereitung*

BIRNE *Helene*

2 *Birnen*
3 EL *Zucker*
200 g *Sahne*
4 Kugeln *Vanilleeis*
100 ml *Schokoladensoße (Fertigprodukt)*

Die **BIRNEN** schälen, längs halbieren und entkernen. Genügend Wasser und 2 EL **ZUCKER** in einen Topf geben und verrühren. Dann die **BIRNEN** dazugeben, sodass die Birnenhälften mit Flüssigkeit bedeckt sind. Die **BIRNEN** ohne Deckel bei mittlerer Hitze etwa 5 Minuten garen, dann abgießen und abtropfen lassen. Die **SAHNE** mit 1 EL **ZUCKER** steif schlagen.

Je 1 Birnenhälfte mit **VANILLEEIS** und **SAHNE** anrichten und zusätzlich mit **SCHOKOLADENSOSSE** beträufeln.